AGRADECIMIENTOS

A Sabina, por guiarme a lo largo de este proyecto y ayudarme a encontrar mi personalidad creativa.

A Claudia, Pablo, Raquel, Celia, Berta, Javi, Rafa, Ángela, Inés, Pau y Carmen, por hacer de Valencia una aventura inolvidable.

Y a todos los niños y niñas, para que luchemos por garantizar una educación inclusiva y de calidad por todos vosotros.

Título original: Un día de cole
Autor: Deme Villena
Diseño e ilustración: Deme Villena (@demevillena)
Publicado por Editorial Gusanillo 2024
Redes sociales de la editorial: @editorialgusanillo
Página web de la editorial: www.editorialgusanillo.es
Impreso y encuadernado en España
Código de Depósito Legal: V-3392-2024
ISBN: 978-84-129244-1-1

Un Día De Cole

Escrito e ilustrado por
Deme Villena

Emma es maestra y hoy se celebra algo muy especial en su escuela. Se trata de un evento internacional y han invitado a niños y niñas de muchos lugares del mundo.

Hallä!
你好
HaLO
สวัสดี

¡Es increíble la cantidad de niños y niñas que han venido de diferentes partes del mundo! Como primera actividad, Emma les propuso hacer pequeños grupos para que cada uno se presente y comparta cómo es un día de clase para ellos.

Este de aquí es Haruki. Tiene 10 años y viene desde Tokio, la capital de Japón. A Haruki le encanta la tecnología y es miembro del club de robótica de su escuela. También va a clases de violonchelo y practica el béisbol, su deporte favorito.

Samuel acaba de cumplir 11 años,
y vive en una aldea junto a un gran
lago en el condado de Laikipia, en
Kenia. Lo que más le gusta hacer es
ayudar a su padre con el ganado y
jugar al balón con sus compañeros
del colegio. Aunque también le
gusta aprender matemáticas,
¡se le dan genial!

MHURI YA KENYA

Esta es Valentina, una niña alegre
y risueña de Xochimilco, un barrio
del sur de Ciudad de México. Tiene
una enorme pasión por el arte. Le
gusta dibujar, pintar, bailar y actuar.
¡También le encantan los accesorios
de colores y los complementos! Allá
por donde pasa, llama la atención.

Irina tiene 12 años y ha venido desde
Moscú, la capital de Rusia, el país más
grande del mundo. Es una niña muy
educada. Lo que más disfruta es dialogar
con la gente de su alrededor. ¡Con ella
nunca faltan temas de conversación!
Le encanta conocer las opiniones de
los demás y debatir de manera sana y
atenta sobre cualquier asunto.

Aadhila ha viajado desde el estado de Kerala, en India. Tiene 13 años recién cumplidos. Es una niña que destaca por su inteligencia y siempre saca las notas más altas de su clase. Su curiosidad no tiene límites y le encanta descubrir cómo funciona el mundo que le rodea, desde la hormiguita más minúscula hasta los inmensos cuerpos celestes.

Por último, está Oskar, que vive en un barrio de Potsdam, en el estado de Brandemburgo, Alemania. Oskar es súper fan de los videojuegos. ¡Puede pasarse horas frente a una pantalla! También le encanta la cocina y la repostería y siempre que puede les lleva a sus amigos postres y dulces cocinados por él mismo.

Una vez se presentaron todos, Emma les pidió que se sentaran en grupos de seis en las mesas del aula.

A continuación, comenzaron a hablar de sus
escuelas, de lo que aprenden, de sus profesores, y
de lo que más les gusta de ir a clase.

Pero antes de ir al colegio, hay que desayunar.
Haruki desayuna arroz mezclado con huevo crudo y salsa de soja, una pera y un vaso de leche.

El desayuno favorito de Valentina son frijoles cocidos en olla de barro acompañados de tortilla de maíz.

A Samuel y a sus hermanos les gusta desayunar uji, una papilla con base de mijo y leche acompañada de frutos secos. A veces, se comen un bollo dulce típico llamado mandazi.

Aadhila desayuna un cuenco de upma, un plato espeso con sémolas tostadas en seco y un poco de lima. ¡Delicioso!

A Oskar le gusta desayunar panecillos acompañados de embutido, queso y un huevo duro. Si le apetece algo más dulce, toma muesli mezclado con leche y miel.

Lo que más le gusta a Irina para desayunar son los syrniki, unas tortitas de queso fresco dulces y redondas acompañadas de frutos rojos, como frambuesas o arándanos.

Ahora hablan sobre el camino a la escuela. Samuel dice que para ir a su colegio, tiene que andar 2 kilómetros en medio de la sabana africana y se encuentra con todo tipo de animales. ¡A veces hasta ve jirafas o elefantes! Al llegar al colegio hace el juramento a su bandera y entona el himno nacional, su parte favorita.

Irina cuenta que para ir a clase coge el autobús
escolar. En Moscú, la gente camina por los pasos
subterráneos del metro para protegerse del frío.
La calle está completamente cubierta de nieve,
excepto los bulbos de la catedral de San Basilio,
que le dan un toque de color a la ciudad. Al
llegar a clase, Irina se toma un té negro y un bol
de kasha dulce, una mezcla de cereales.

Aadhila suele ir a la escuela a bordo de un rickshaw automático, una especie de vehículo de tres ruedas motorizado que funciona como un taxi.

Oskar va casi siempre al colegio en bicicleta. Lo hace junto a sus mejores amigos y le encanta sentir el aire fresco en la cara por la mañana.

Una vez dan las 08:00 de la mañana, las clases dan comienzo en el colegio de Oskar. Sus asignaturas favoritas son las lenguas. En su escuela aprende alemán e inglés, aunque también está aprendiendo francés por su cuenta.

Valentina prefiere las asignaturas artísticas, donde puede dar rienda suelta a su creatividad. Hace unas semanas tuvo que decorar su propio alebrije, una figura hecha de papel de un animal imaginario típico de la cultura mexicana.

Samuel le cuenta a Aadhila que le encantan las matemáticas y que disfruta mucho haciendo cálculos. Hace poco aprendió a multiplicar ¡lo entendió enseguida! Sin lugar a dudas es el número uno de su clase.

Aadhila le dice que prefiere las ciencias. Le resulta fascinante aprender sobre los microorganismos que hay en la naturaleza ¡existen tantas cosas que el ojo humano no es capaz de ver a simple vista!

Llega la hora del recreo y cada uno propone jugar a algo distinto. Haruki ha traído un juguete llamado Daruma Otoshi, que consiste en martillear rápidamente unas piezas cilíndricas apiladas sin que se caiga la construcción entera.

El juguete favorito de Valentina es el balero, un mango de madera unido con un lazo a una bola con una perforación. El objetivo es insertar la bola en el mango la mayor cantidad de veces posible con una sola mano.

Aadhila propone jugar al Pagade, un juego de mesa tradicional indio en el que cada jugador tira el daala, una especie de dado alargado, para mover a sus peones hasta el centro del tablero. ¡Es el antecesor del parchís!

Irina ha querido enseñar una de sus posesiones más preciadas.
Se trata de una muñeca tradicional rusa llamada Matrioska
que le regaló su madre. Lo que la hace especial es que esconde
varias versiones más pequeñas de sí misma en su interior y
están pintadas a mano con muchísimo detalle. ¡A Valentina
le encantan los dibujos florales decorativos!

Al volver al aula, Emma les pide que hagan una pequeña exposición de alguna festividad que celebren en sus países. Aadhila cuenta que su festividad favorita es el Diwali, o el festival de las luces. A principios de noviembre, las familias se reúnen para celebrar el triunfo de la luz sobre la oscuridad. Preparan grandes banquetes, fuegos artificiales, rezos y donativos. A Aadhila le encanta encender su lámpara de arcilla y decorar el suelo con rangoli, un diseño colorido hecho con polvos, arroz, pétalos de flor o arena.

Samuel asiste cada junio al festival Turkana, un evento de tres días en el que un montón de comunidades nómadas del país se reúnen con coloridos trajes ceremoniales para interpretar danzas ancestrales.

A Oskar le encanta celebrar el Laternfest cada 11 de noviembre. Los niños desfilan con farolillos y cantando. Luego recitan un poema y actúan en honor a San Martín, patrón de los pobres. Pero su parte favorita es disfrutar de los panes dulces con pasas al final del recorrido.

Valentina se pasa todo el año contando los días para que llegue el Día de Muertos. No hay nada que disfrute más que decorar un precioso altar para recibir y venerar a sus familiares que ya no están en vida. También coloca ofrendas junto a su familia a lo largo del camino de su casa al cementerio. Una vez allí, adornan las tumbas con flores, velas y los manjares favoritos del difunto.

Irina nunca falta a la celebración de Maslenitsa. Ocurre entre el 10 y el 17 de marzo. Durante estos días, Irina y su familia comen montones de blinis, unos panqueques muy finos y rellenos. La tradición más especial es la quema del espantapájaros, que simboliza el fin del invierno y da paso a la primavera.

El día 5 de mayo se celebra en Japón
el Día del Niño, llamado Kodomo no Hi.
A Haruki le encanta colocar un poste
decorado con banderines con forma
de carpas junto a su familia. También
comen Chimaki, unos pastelitos de
arroz envueltos en hojas de bambú
y mochis rellenos de mermelada.

Para terminar el día, Emma reúne de nuevo a todos los niños y niñas a su alrededor. Seguidamente, les pregunta qué les gustaría ser de mayores y cuáles son sus sueños de futuro.

Haruki cuenta que quiere ser informático, porque le interesa mucho la programación y todo lo relacionado con los ordenadores y las páginas web.

Samuel sueña con
convertirse en arquitecto.
Le encantaría diseñar y
construir grandes edificios
y bloques de apartamentos
para dar un hogar a gente
que lo necesita.

A Valentina le gustaría ser diseñadora de moda
y confeccionar trajes, vestidos y complementos
preciosos y originales para las celebridades.

Cuando sea mayor, Irina quiere ser abogada, para
ayudar a las personas a resolver sus problemas
de manera justa y honrada.

Aadhila sueña con ser científica para descubrir la cura de enfermedades raras y salvar miles de vidas en todo el mundo.

Oskar quiere ser chef y crear
su propio restaurante. Tiene un
talento increíble para invertar
nuevas recetas deliciosas y le
encantaría poder compartirlas
con el mundo algún día.

Ha sido un día insuperable. Todos han aprendido muchísimo y se lo han pasado como nunca. Sin duda han descubierto que, aunque vengan de lugares distintos y tengan costumbres diversas, todos comparten un mismo deseo: estudiar y aprender para construir un mundo que acoja la diferencia, la tolerancia y el respeto.

DESCUBRE APRENDE DIVIÉRTETE

NUESTRO MUNDO

Nuestro mundo se divide en siete grandes partes a las que llamamos **CONTINENTES**. Estos son Asia, África, Europa, América del Norte, América del Sur, Oceanía y la Antártida. Cada uno de ellos tiene sus peculiaridades únicas y especiales como: el clima, las formaciones geológicas y las especies animales y vegetales.

Los continentes están separados por grandes océanos y mares ¡como el Océano Pacífico, que abarca más de ciento cincuenta millones de kilómetros cuadrados!

Cada uno de estos continentes es el hogar de miles de personas y culturas distintas. ¡Explorarlos puede ser una gran aventura!

¿Te has fijado en que los contornos de América, África y Europa coinciden como piezas de puzzle? Esto se debe a la teoría de la deriva continental, desarrollada por Alfred Wegener, la cual afirma que en un pasado muy lejano, todos los continentes estaban unidos en un supercontinente conocido como **Pangea** y con el tiempo se fue fragmentando hasta dar lugar a los continentes actuales.

Alemania pertenece a Europa Occidental y limita con nueve países diferentes, lo que la convierte en uno de los países con más influencia cultural y conexiones de todo el continente.
Rusia es el país más grande del mundo, con una extensión de más de 17.000.000 kilómetros cuadrados. ¡Equivale al diez por ciento de la superficie terrestre firme! También abarca un total de once zonas horarias y contiene más de cien mil ríos.
EUROPA
ASIA
La convivencia entre los antiguos templos y santuarios japoneses con sus rascacielos futuristas y su cultura pop moderna refleja la riqueza de la identidad del país.
ÁFRICA
India es el país más poblado del mundo junto a China, ya que cada uno supera los mil cuatrocientos millones de habitantes. ¡Eso supone que juntas forman un tercio de la población total del planeta Tierra!
OCEANÍA
En Kenia conviven un total de 44 tribus, como los Masai, los Kikuyu o los Turkana, cada una con sus propias costumbres y tradiciones. Aunque existan dos idiomas oficiales, el Swahili y el inglés, se hablan alrededor de cien lenguas nativas.

CURIOSIDADES

¿Alguna vez te has preguntado qué hay más allá de las fronteras de tu país? ¡Pues hay un mundo de lo más diverso e interesante esperando a que lo conozcas! La vida y las costumbreses son muy distintas en cada país del planeta y cada cultura brilla por sí misma. ¡Descubre con nosotros algunas de las peculiaridades más encantadoras del mundo en el que vivimos!

Baba Yaga es un personaje muy representativo del folklore ruso. Se trata de una bruja malvada que vuela sobre un mortero gigante y vive en una casa de madera con patas de gallina en lo más profundo del bosque ruso. Las historias cuentan que secuestra a los niños, los cocina y los devora con sus largos y afilados dientes. ¡Qué miedo!

En muchas escuelas japonesas, los estudiantes ordenan y limpian las aulas al acabar las clases. Es una práctica que fomenta la responsabilidad, el trabajo en equipo, el respeto y el cuidado por el espacio compartido. ¡Es importante colaborar en las tareas de limpieza!

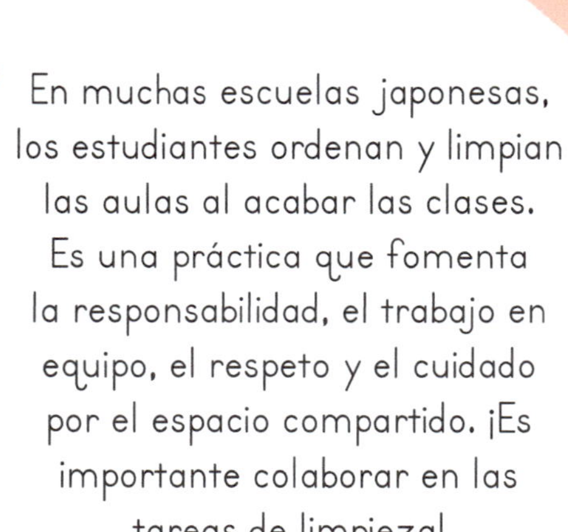

Kenia le debe su nombre al monte Kenia, que se encuentra cerca del centro del país y es la segunda montaña más grande de toda África, después del Kilimanjaro, en Tanzania.

Alemania es el país de origen de los hermanos Grimm, dos de los coleccionistas de cuentos clásicos más famosos de todo el mundo. Muchos de los cuentos que recopilaron, como "Blancanieves", "Cenicienta" o "Hansel y Gretel", están ambientados en entornos y paisajes de inspiración alemana. ¡Hasta existen rutas y expediciones para descubrir todas localizaciones que sirvieron de inspiración para crear los escenarios de estas maravillosas historias! ¡Sin ninguna duda es un país de cuento de hadas!

La lucha libre mexicana es una parte fundamental de la cultura popular del país. Se trata de un deporte espectáculo en el que los luchadores realizan todo tipo de acrobacias increíbles en el ring portando unas máscaras coloridas y extravagantes. ¡Parecen superhéroes!

A lo largo del planeta, existen grandes monumentos que se consideran maravillas del mundo por sus impresionantes estructuras, entre las cuales se encuentran la Gran Pirámide de Guiza en Egipto, que es la única que sobrevive del mundo antiguo, el Chichen Itzá en México o el Taj Mahal en India. ¡Son totalmente magníficos!

TRAJES TÍPICOS DEL MUNDO

La vestimenta tradicional alemana es clásica, de aspecto aldeano y sigue vigente en festividades de distintas zonas del país. La ropa típica de las mujeres de Alemania es el Dirndl, un uniforme compuesto por blusa, delantal, corpiño y una falda larga. Los hombres usaban unos pantalones bombacho de cuero y con tirantes llamados Lederhosen, además de un sombrero decorado con un mechón de cabello.

La vestimenta típica de la India es mundialmente conocida por su elegancia, sus motivos decorativos y su colorido. Los trajes más reconocidos de la cultura india son el Sari, que es un vestido largo que deja al descubierto un hombro y el estómago, con bordados y elementos decorativos. El dhoti es una tela larga que se envuelve alrededor de las piernas y se anuda a la cintura, usada principalmente por hombres.

El traje típico japonés por excelencia es el Kimono. Cubre todo el cuerpo y se ciñe a la cintura con un cinturón ancho llamado obi. Por lo general están hechos de seda y tienen mangas largas que llegan desde los hombros hasta los talones, y en la actualidad se utilizan solo en ocasiones especiales, como festivales, bodas o ceremonias.

Cada región de México posee un traje típico especial, pero todos tienen en común sus detalles coloridos y una gran variedad de bordados, texturas y accesorios. Aun así, los trajes más representativos y conocidos son el de charro para lo hombres y el de china poblana para las mujeres. Pero lo que hace realmente únicas a las vestimentas mexicanas es que son creaciones confeccionadas, bordadas o pintadas de forma artesanal.

Una prenda muy característica de la tradición rusa es el sarafán, principalmente usado por mujeres. Existen de distintos tipos, pero se trata de un vestido largo sin mangas que se suele acompañar de una camisa de manga larga blanca por dentro. Se utilizaba principalmente en zonas rurales y su color dependía de si eran utilizados para el uso diario o para ocasiones especiales.

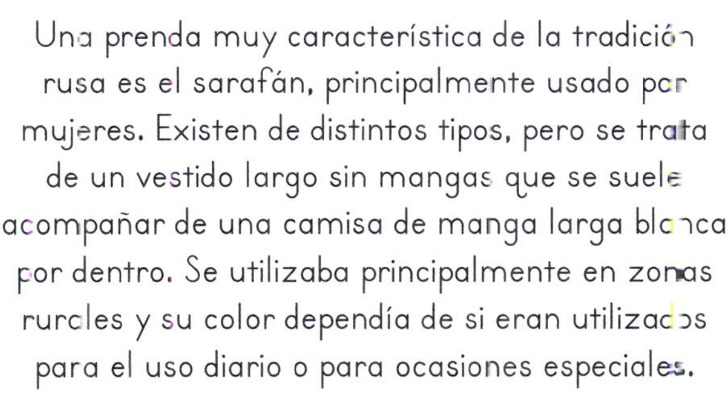

En Kenia hay una gran variedad de grupos étnicos, cada uno con sus prendas y accesorios típicos. Entre las mujeres kenianas es muy común llevar una tela colorida y amplia que les envuelva la figura, llamada kanga. Los hombre suelen incluir polleras hasta sus rodillas y dejan el torso al descubierto y un complemento muy representativo de las tribus del país son sus collares de cuentas y sus joyas coloridas.

IDIOMAS DE NUESTRO MUNDO

¿Sabías que en el mundo se hablan más de siete mil idiomas? Algunos los usan solo un pequeño grupo de personas, mientras que otros se hablan en muchísimos países. Los idiomas más hablados son inglés, chino mandarín, hindi, español y francés ¡y dentro de cada uno hay un montón de formas y dialectos distintos!

LETRAS Y GRAFÍAS

En el mundo existen muchos tipos de letras y distintas formas de escribir. El alfabeto más usado es el latino, que se emplea en la mayoría de los idiomas de Europa, América y partes de África. ¿Te atreves a intentar copiar y pronunciar algunas?

SUDOKU

El Sudoku es un juego muy popular en Japón. Consiste en ubicar los números del 1 al 9 en una cuadrícula sin que se repitan en la misma fila, en la misma columna ni en la misma caja.

Esto quiere decir que si aquí hay un número 8, no puede haber otro número ocho en las casillas señaladas.

	5			1		4	8	6
6	4	1	8		2	3		
		3		4	7		2	1
1		4	2	8	5		6	3
2		8	3		4			5
3		5	7	6	1	2	4	8
5			4	7		8	3	
4		7	5			6		9
8			1	3	9		5	4

¡Inténtalo tú! Si no lo consigues y necesitas ayuda puedes consultar la solución en la esquina de esta página.

Solución:

7	5	2	9	1	3	4	8	6
6	4	1	8	5	2	3	9	7
9	8	3	6	4	7	5	2	1
1	7	4	2	8	5	9	6	3
2	6	8	3	9	4	1	7	5
3	9	5	7	6	1	2	4	8
5	1	9	4	7	6	8	3	2
4	3	7	5	2	8	9	1	6
8	2	6	1	3	9	7	5	4

MANDALAS

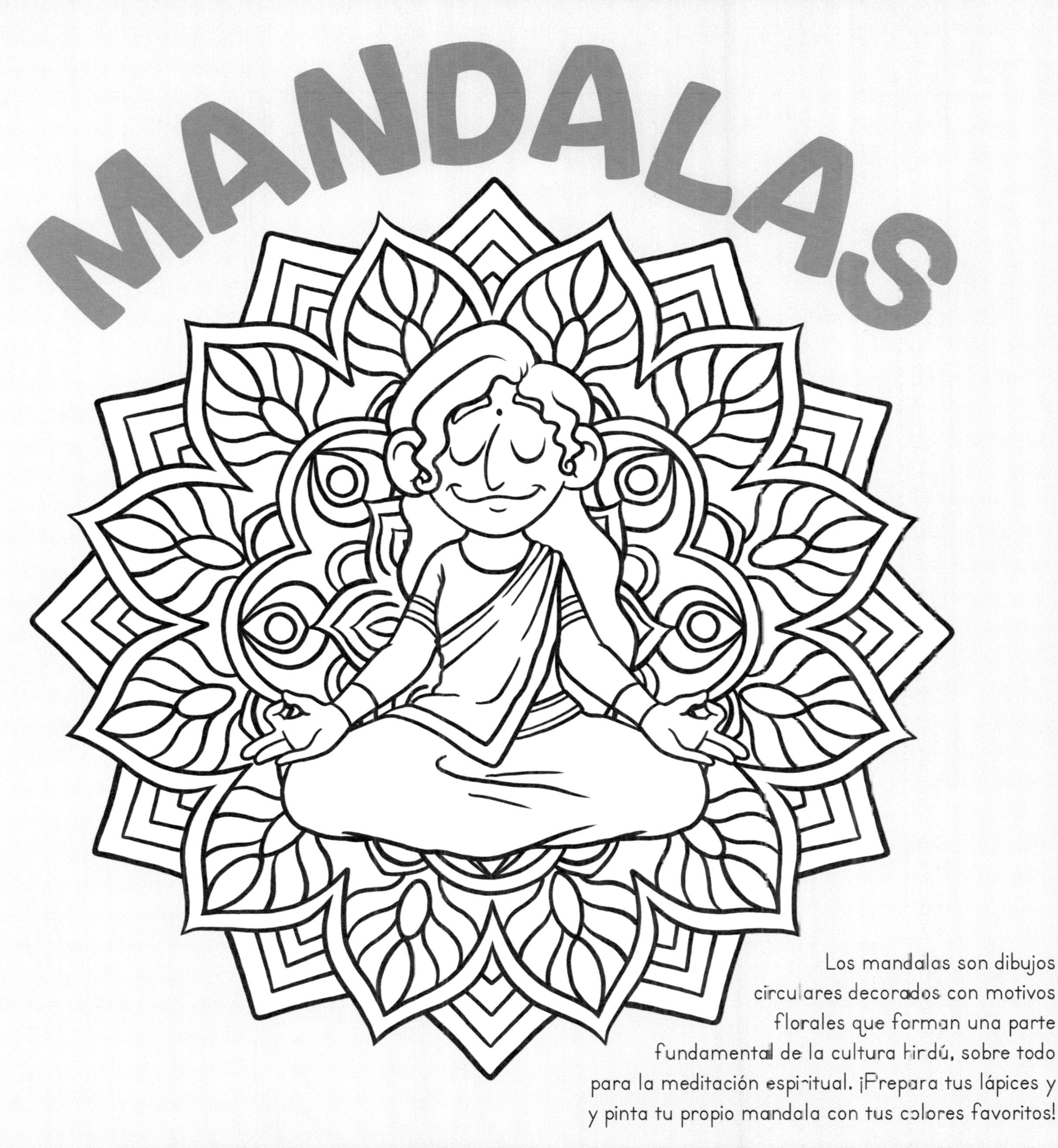

Los mandalas son dibujos circulares decorados con motivos florales que forman una parte fundamental de la cultura hindú, sobre todo para la meditación espiritual. ¡Prepara tus lápices y y pinta tu propio mandala con tus colores favoritos!

HAZ TU PROPIO PAPEL PICADO MEXICANO

El papel picado es una tradición mexicana donde se recortan diseños en papel de colores brillantes para crear decoraciones llenas de vida y alegría. Se usan en festivos y celebraciones, como el Día de los Muertos, para adornar altares y calles, llenando todo de color y simbolizando la unión entre la vida y la muerte. ¡Parece que el país se viste elegante para recibir a todos sus difuntos!

¿Te gustaría crear tu propio papel picado? ¡Acompáñanos!

PASO 1:

Corta los papeles en rectángulos de 20 cm x 15 cm. Agrúpalos y dobla una pequeña solapa en la parte superior. Procura que quede en todos a la misma altura.

PASO 2:

Dobla cada papel por la mitad a lo ancho y a lo alto. Asegúrate de que cada pliego queda bien marcado y firme hasta que el papel te quede dividido en cuatro rectángulos iguales.

PASO 3:

Dobla el papel de arriba a abajo y de izquierda a derecta hasta que te quede solo un rectángulo pequeño.

PASO 4:

Con el pliegue en la parte superior del rectángulo, lleva la punta derecha superior hasta el borde izquierdo de tal manera que consigas un triángulo.

PASO 5:

¡Llega la parte divertida! Dibuja tu diseño sobre el triángulo. Haz círculos, triángulos y todas las formas que se te ocurran. ¡Y a recortar! ¡Pero con cuidado!

ÚLTIMO PASO:

Desdobla el papel para descubrir el resultado. ¡Prueba tantos diseños como quieras! Y cuando tengas varios banderines, pasa una cuerda por las solapas y pégalas con pegamento.

Recorta el límite de abajo con la forma que más te guste.

RECETA ALEMANA

La cultura alemana brilla por muchísimas cosas, y una de ellas es su rica gastronomía. La tarta Selva Negra es un popular postre alemán que consiste en un bizcocho de chocolate recubierto de nata montada, rellena de mermelada de cereza negra y con cerezas de adorno. ¡Aprende a preparar esta delicia con Oskar!

INGREDIENTES:

250ml de leche

180g de azúcar

4 huevos

100g de virutas chocolate

30g de cacao en polvo

100g de harina de repostería

750 ml de nata para montar

Azúcar glass

2 dl de almíbar

PASO 1:

Precalienta el horno a 180 grados centígrados. Mientras tanto, bate los huevos con 130 gramos de azúcar.

PASO 2:

Tamiza la harina junto al cacao sobre la masa y viértela sobre un molde previamente engrasado.

PASO 3:

Hornea durante 30 minutos. ¡Ve comprobando el aspeto de la masa cada cierto tiempo!

PASO 4:

Mientras se cocina y se enfría el bizcocho, monta la nata con los 50 gramos de azúcar restante con ayuda de varillas.

PASO 5:

Cuando el bizcocho esté frío, pártelo en tres discos horizontales. Coloca la nata montada entre los discos y apílalos. Prueba a añadir también mermelada de cereza.

PASO 6:

Recubre la superficie del bizcocho con la nata montada restante y espo vorea los virutas de chocolate por encima.

PASO 7:

Decora la parte superior con azúcar glass, nata montada y unas cuantas cerezas ¡Y listo! Conserva en la nevera hasta el momento de servir.